Impressum
Verlag: BABADADA GmbH, Nedderfeld 112 , 22529 Hamburg
Geschäftsführer / Verlagsleitung: Harald Hof
Druck: Books on Demand GmbH, In de Tarpen 42, 22848 Norderstedt

Imprint
Publisher: BABADADA GmbH, Nedderfeld 112 , 22529 Hamburg, Germany
Managing Director / Publishing direction: Harald Hof
Print: Books on Demand GmbH, In de Tarpen 42, 22848 Norderstedt

ትምህርት ቤት

escola

መማሪያ ክፍል
classe
ማካፈል
dividir
186/2
የትምህርት ቤት ቅጥር ግቢ
pati (de l'escola)
ሰሌዳ
tauler
መምህር
professor
ወረቀት
paper
መፃፍ
escriure
estilogràfica
መፃፊያ ጠረጴዛ
escriptori
ማስመሪያ
regle
መጽሐፍ
llibre
ተማሪ
estudiant

የጀርባ ቦርሳ

bossa

የእርሳስ መያዣ

estoig

እርሳስ

llapis

የእርሳስ መቅረጫ

maquineta de fer punta

ላጲስ

goma

የስዕል ደብተር

bloc de dibuix

ስዕል

dibuix

የቀለም ብሩሽ

pinzell

የቀለም ሳጥን

capsa de pintures

መቀስ

tisores

ማጣበቂያ

cola

መልመጃ ደብተር

quadern d'exercicis

የቤት ስራ

deures

12

ቁጥር

nombre

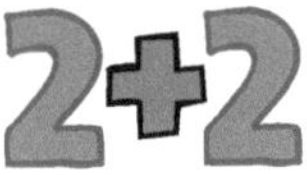

2+2

መደመር

afegir

5-2

መቀነስ

sostreure

2×2

ማባዛት

multiplicar

ቁጥሮችን ማስላት

calcular

A

ደብዳቤ

lletra

ABCDEFG HIJKLMN OPQRSTU VWXYZ

ፊደላት

alfabet

hello

ቃል

mot

ፅሑፍ

text

ማንበብ

llegir

ጠመኔ

guix

ትምህርት

lliçó

ምዝገባ

llibre de classe

ፈተና

examen

ሰርተፊኬት

certificat

የትምህርት ቤት የደንብ ልብስ

uniforme escolar

ትምህርት

formació

አዉደ ጥበብ

enciclopèdia

ዩኒቨርስቲ

universitat

የምርምር አጉሊ መሳርያ

microscopi

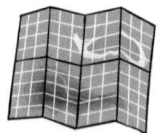

ካርታ

mapa

የቆሻሻ ወረቀት መጣያ ቅርጫት

paperera

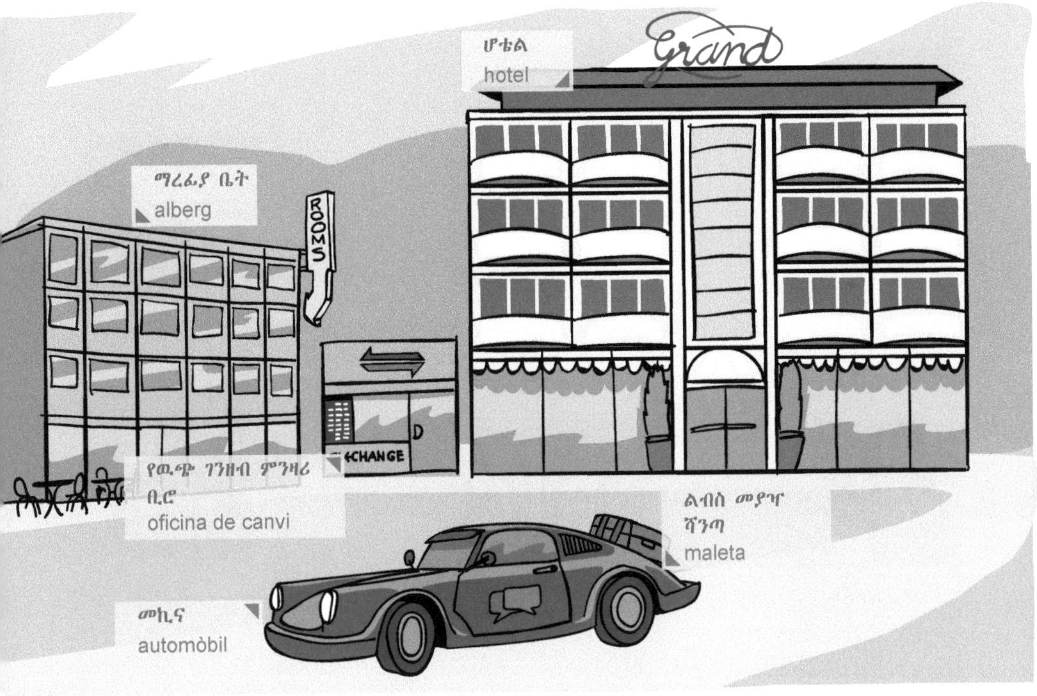

ሆቴል
hotel
Grand
ማረፊያ ቤት
alberg
ROOMS
€CHANGE
የዉጭ ገንዘብ ምንዛሪ ቢሮ
oficina de canvi
ልብስ መያዣ ሻንጣ
maleta
መኪና
automòbil

ቋንቋ
llengua

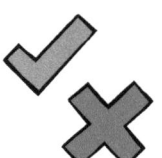

አዎ/ አይደለም
sí / no

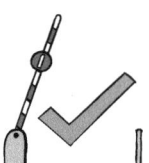

እሺ
D'acord

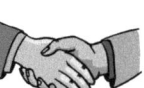

ሰላም
Ey!

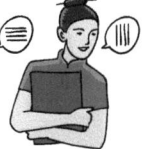

አስተርጓሚ
traductora

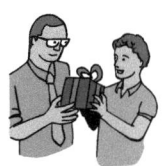

አመሰግናለሁ
gràcies

ስንት ነዉ.......?

....

Quant costa... ?

አልገባኝም

....

No entenc

እክል

....

problema

እንደምን አመሹ!

....

Bona nit!

እንደምን አደሩ!

....

bon dia!

መልካም ምሽት!

....

bona nit!

ደህና ይሰንብቱ

....

fins aviat

አቅጣጫ

....

direcció

ሻንጣ

....

bagatge

ቦርሳ

....

bossa

የጀርባ ቦርሳ

....

sarrona

እንግዳ

....

convidat

ክፍል

....

cambra

የመተኛ ቦርሳ

....

sac de dormir

ድንኳን

....

tenda

የጎብኚዎች መረጃ

oficina de turisme

የባህር ዳርቻ

platja

ክሬዲት ካርድ

carta de crèdit

ቁርስ

esmorzar

ምሳ

dinar

እራት

sopar

ቲኬት

bitllet

አሳንሰር

ascensor

ማህተም

segell

ድንበር

frontera

ባህሎች

duana

ኤምባሲ

ambaixada

ቪዛ/የይለፍ ወረቀት

visat

ፓስፖርት

passaport

መጓጓዣ
transport

አዉሮፕላን
vol
መርከብ
vaixell
የእሳት አደጋ መኪና
automòbil dels bombers
አዉቶብስ
bus
የጭነት መኪና
camió
የሞተር ጀልባ
llanxa de motor
ብስክሌት
bicicleta
መኪና
automòbil

የማመላለሻ ጀልባ

transbordador

ጀልባ

barca

የሞተር ብስክሌት

moto

የፖሊስ መኪና

automòbil de policia

የዉድድር መኪና

automòbil de curses

የኪራይ መኪና

automòbil de lloguer

የመኪና መጋራት

vehicle compartit

ጎታች መኪና

grua

የቆሻሻ ጭነት መኪና

camió de les escombraries

ሞተር

motor

ነዳጅ

benzina

የቤንዚን ማደያ

benzineria

የመንገድ ምልክት

senyal de trànsit

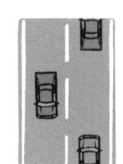

የመኪኖች እንቅስቃሴ

trànsit

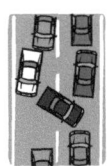

የመኪና መጨናነቅ

embús

የመኪና ማቆሚያ

aparcament

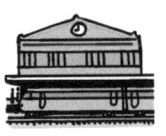

የባቡር ጣቢያ

estació de trens

የባቡር ሀዲዶች

vies

ባቡር

tren

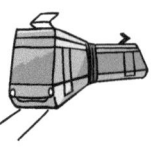

የኤሌክትሪክ ባቡር

tramvia

ሰረገላ

vagó

ሄሊኮፕተር

helicòpter

አየር ማረፊያ

aeroport

ማማ

torre

መንገደኛ

passatger

ማስቀመጫ፤ ማጠራቀሚያ

contenidor

ካርቶን እቃ ማሸጊያ

capsa de cartó

ጋሪ፤ ተሳቢ

carretó

ቅርጫት

cistella

መነሳት/ ማረፍ

enlairar-se / aterrar

ከተማ

ciutat

መንደር

poble

የከተማ ማዕከል

centre de la ciutat

ቤት

casa

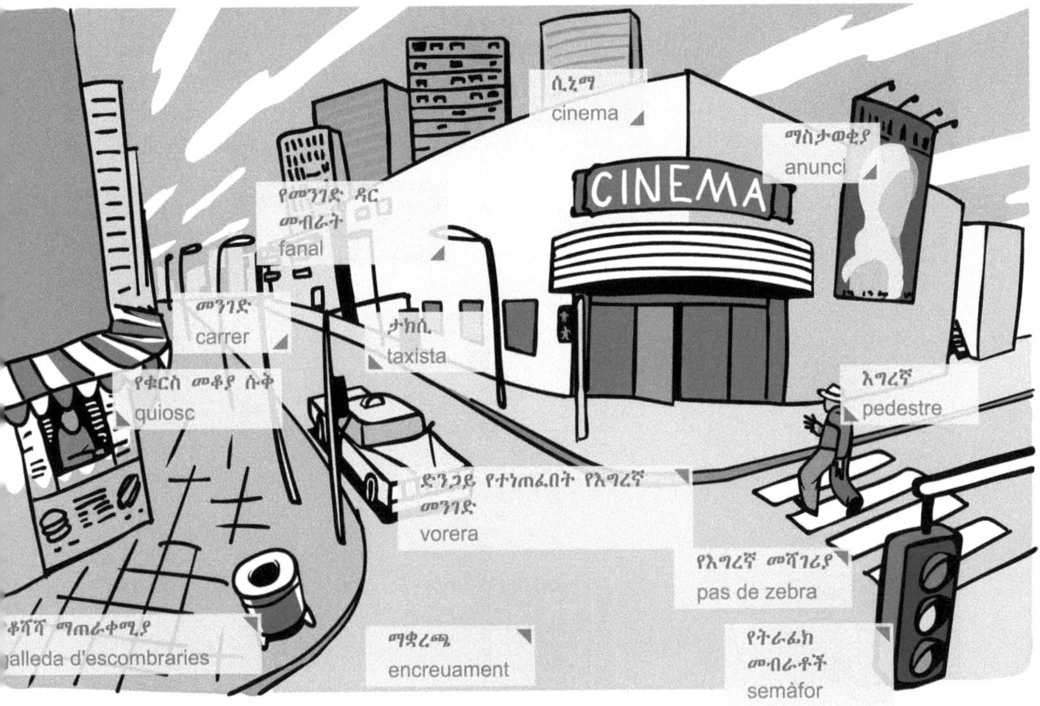

ሲኒማ
cinema
CINEMA
ማስታወቂያ
anunci
የመንገድ ዳር መብራት
fanal
መንገድ
carrer
ታክሲ
taxista
የቁርስ መቆያ ሱቅ
quiosc
እግረኛ
pedestre
ድንጋይ የተነጠፈበት የእግረኛ መንገድ
vorera
የእግረኛ መሻገሪያ
pas de zebra
ቆሻሻ ማጠራቀሚያ
alleda d'escombraries
ማቋረጫ
encreuament
የትራፊክ መብራቶች
semàfor

ጎጆ

cabana

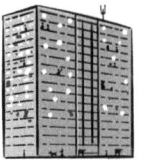

አፓርታማ

apartament

የባቡር ጣቢያ

estació de trens

የከተማ አዳራሽ

casa de la vila-ciutat

ቤተ መዘክር

museu

ትምህርት ቤት

escola

ዩኒቨርስቲ

universitat

ባንክ

banca

ሆስፒታል

hospital

ሆቴል

hotel

መድሐኒት ቤት

farmàcia

ቢሮ

oficina

መፅሐፍ መሸጫ

llibreria

ሱቅ

botiga

የአበባ መሸጫ

floristeria

የሸቀጣ ሸቀጥ መደብር

supermercat

ገበያ ስፍራ

mercat

መደብር

gran magatzem

የዓሳ ነጋዴ

peixateria

የገበያ ማዕከል

centre comercial

ወደብ

port

መናፈሻ ቦታ

parc

አግዳሚ ወንበር

banc

ድልድይ

pont

ደረጃዎች

escala

ዉስጥ ለዉስጥ

metro

ዋሻ

túnel

የአዉቶቡስ ፌርማታ

parada d'autobús

ባር

bar

ምግብ ቤት

restaurant

የፖስታ ሳጥን

bústia de correu

የመንገድ ምልክት

senyal indicador

የመኪና ማቆሚያ ሒሳብ የሚያሰላ ማሽን

parquímetre

የደር እንስሳት ማቆያ

zoo

የመዋኛ ገንዳ

piscina

መስጊድ

mesquita

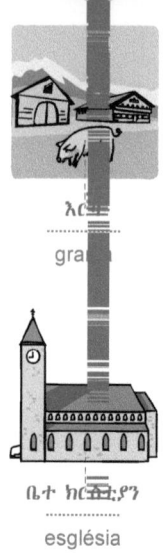

እርሻ
grar...

የሚበክል ነገር
pol·lució

መቃብር ቤት ፍራ
cementiri

ቤተ ክርስቲያን
església

መጫወቻ ሜዳ
parc infantil

ቤተ መቅደስ
temple

መልከዓምድር

paisatge

ቅጠል
fulla

የመንገድ ላይ ምልክት
cartell indicador

መንገድ
camí

አረንጓዴ መስክ
prat

በእግሩ የሚጓዝ
excursionista

ድንጋይ
pedra

ዛፍ
arbre

ወንዝ
riu

ሳር
gespa

አበባ
flor

 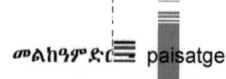

ሸለቆ
vall

ኮረብታ
muntanya

ሀይቅ
llac

ጫካ
bosc

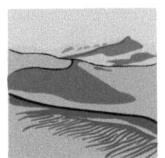

በረሃ
desert

እሳተ ገሞራ
volcà

ግምብ
castell

ቀስተ ዳመና
arc de Sant Martí

እንጉዳይ
bolet

የቴምብር ዛፍ/ ዘንባባ
palmera

ቢንቢ/ የወባ ትንኝ
moscard

በራሪ
mosca

ጉንዳን
formiga

ንብ
abella

ሸረሪት
aranya

ጢንዚዛ

escarabat

እንቁራሪት

granota

ሽኮኮ

esquirol

ጃርት

eriçó

ጥንቸል

llebre

ጉጉት ወፍ

òliba

ወፍ

ocell

የዉሃ ዳክዬ

cigne

ከርከሮ

senglar

አጋዘን

cervo

አጋዘን

ant

ግድብ

presa

በነፋስ የሚሽከረከር

turbina

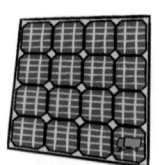

የፀሀይ ፓኔሎ

panell solar

አየር ንብረት

clima

ምግብ ቤት

restaurant

አስተናጋጅ
cambrer
ማዉጫ
menú
ወንበር
cadira
ሾርባ
sopa
ፒዛ
pizza
coberts
የጠረጴዛ ጨርቅ
tovalla

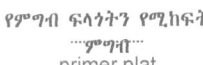

የምግብ ፍላጎትን የሚከፍት
....ምግብ....
primer plat

ዋና ምግብ
....
plat principal

ማጣጣሚያ ተከታይ ምግብ
....
darreries

መጠጦች
....
begudes

ምግብ
....
menjar

ጠርሙስ
....
ampolla

ፈጣን ምግብ

....

menjar ràpid

የመንገድ ምግብ

....

menjar de carrer

የሻይ ማንቆርቆሪያ

....

tetera

የስኳር እቃ

....

sucrer

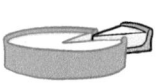

ድርሻ

....

porció

የቡና ማፊያ ማሽን

....

màquina d'espresso

ባለጌ ወንበር

....

trona

የክፍያ ደረሰኝ

....

factura

ትሪ

....

plata

ቢላዋ

....

ganivet

ሹካ

....

forqueta

ማንኪያ

....

cullera

የሻይ ማንኪያ

....

cullereta

ልብስ ምግብ እንዳይነካ የሚረዳ ጨርቅ

....

tovalló

ብርጭቆ

....

got

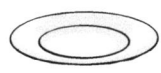

ዝርግ ሰሀን

....

plat

የሾርባ ጎድጓዳ ሰሀን

....

plat de sopa

የስኒ ማስቀመጫ

....

plateret

ማጣፈጫ ስጎ

....

salsa

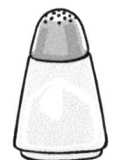

የጨዉ እቃ

....

saler

የተፈጨ ቃሪያ

....

molinet de pebre

ኮምጣጤ

....

vinagre

የምግብ ዘይት

....

oli

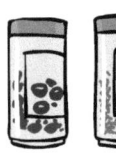

ቀመማ ቅመሞች

....

espècies

የቲማቲም ድልህ

....

quètxup

ሰናፍጭ

....

mostassa

ማዮኒዝ

....

maionesa

የሸቀጣ ሸቀጥ መደብር

supermercat

ልዩ አቅራቦት
oferta especial
FOR
ደምበኛ
client
የወተት ተዋፅዖ
productes lactis
ፍራፍሬ
fruites
ባለ ጎማ የእጅ ጋሪ
carret de la compra

ሉካንዳ ነጋዴ

carnisseria

መጋገርያ

forn de pa

ክብደት መመዘን

pesar

ቅጠላ ቅጠል አትክልት

verdures

ስጋ

carn

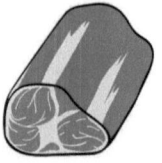

የቀዘቀዘ/የረጋ ምግብ

menjar congelat

ቀዝቃዛ ቁራጭ
....
carn freda

የታሸገ ምግብ
....
conserves

የማጠቢያ ዱቄት
....
detergent en pols

ጣፋጮች
....
dolços

የቤት ዉስጥ ዉጤቶች
....
articles domèstics

የፅዳት ምርቶች
....
productes de neteja

የሽያጭ ባለሙያ
....
venedora

የገንዘብ መመዝቢያ ማሽን
....
caixa registradora

የሒሳብ ሰራተኛ
....
caixera

የግዢ ዝርዝር
....
llista de la compra

ክፍት ሰዓታት
....
horari d'obertura

የኪስ ቦርሳ
....
portamonedes

ክሬዲት ካርድ
....
carta de crèdit

ቦርሳ
....
bossa

የፕላስቲክ ቦርሳ
....
bossa de plàstic

መጠጦች

begudes

ውሃ

aigua

ጭማቂ

suc

ወተት

llet

ኮካ-ኮላ

coca-cola

ወይን

vi

ቢራ

cervesa

አልኮል

alcohol

ኮካ

cacau

ሻይ

te

ቡና

cafè

የተፈላ ቡና

espresso

ካፕቺኖ

cappuccino

ሙዝ

....

banana

ፖም

....

poma

ብርቱካን

....

taronja

ሀብሀብ

....

síndria

ሎሚ

....

llimona

ካሮት

....

pastanaga

ነጭ ሽንኩርት

....

all

ሸምበቆ

....

bambú

ቀይ ሽንኩርት

....

ceba

እንጉዳይ

....

bolet

ለዉዝ

....

avellanes

የህፃናት ምግብ

....

fideus

ፓስታ

espaguetis

ሩዝ

arròs

ሰላጣ

amanida

የድንች ጥብስ

patates fregides

ድንች ጥብስ

patates fregides

ፒዛ

pizza

ዳቦ ዉስጥ በስሱ ተጠብሶ የገባ ስጋ

hamburguesa

ሳንድዊች

entrepà

ጥሬ ስጋ

escalopa

የአሳማ ስጋ

cuixot

በቅመምና በጨዉ የታሸ ምግብ ቀዝቅዞ የሚበላ ሾርባ ምግብ

salami

ቋሊማ

salsitxa

ዶሮ

pollastre

ጥብስ

rostit

አሳ

peix

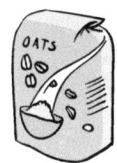

የአጃ ገንፎ
....
flocs de civada

ከወተት ጋር ተደባልቀዉ የሚበሉ ምግቦች
musli

የበቆሎ ቅርፊት
....
cereals

ዱቄት
....
farina

ኩራሳ
....
croissant

ድብልብል ዳቦ
....
panet

ዳቦ
....
pa

መጥበስ
....
torrada

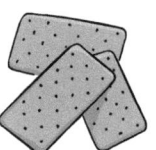

ብስኩት
....
bescuits

ቅቤ
....
mantega

እርጎ
....
mató

ኬክ
....
pastís

እንቁላል
....
ou

እንቁላል ጥብስ
....
ou fregit

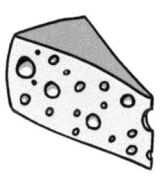

አይብ
....
formatge

የበረዶ ክሬም
....
gelat

ስኳር
....
sucre

ር
....
mel

ር   ት
....
melmelada

የተናጠ የወተት ክሬም
....
crema de xocolata

ጣፈጫ
....
curri

እርሻ

granja

granja
የእህልና የከብት ማቀመጫ ቤት
graner
ፈረስ
cavall
የጭድ ክምር
bala de palla
ሜዳ
camp
ተሳቢ መኪና
remolc
የእርሻ መኪና
tractor
የፈረስ ውርንጭላ
poltre
አህያ
ase
በግ
ovella
የበግ ጠቦት
xai

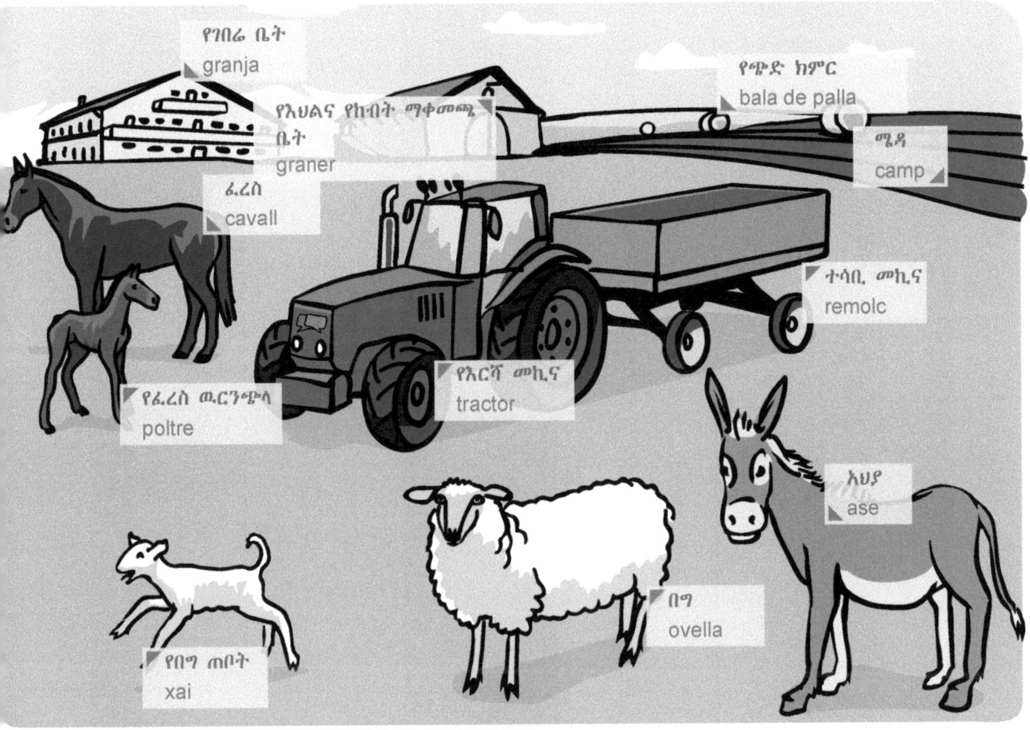

ፍየል

cabra

ላም

vaca

ጥጃ

vedella

አሳማ

porc

ግልገል አሳማ

garrí

ኮርማ

bou

ዝይ

oca

ዳክዬ

ànec

የዶሮ ጫጩት

poll

ዶር

gall

አዉራ ዶሮ

gallina

አይጥ

rata

ደድመት

gat

አይጥ

ratolí

በሬ

bou

ዉሻ

gos

የዉሻ ቤት

gossera

የአትክልት ቦታ

mànega de regar

ዉሃ ማጠጫ ባልዲ

regadora

ረጅም ማጭድ

dalla

ማረሻ

arada

ማጭድ

falç

መኮትኮቻ

aixada

የእህል መንሽ

forca

መጥረቢያ

destral

ኩርኩር/ የእጅ ጋሪ

carretó

ገንዳ

abeurador

የወተት ዕቃ

lletera

ጆንያ ከረጢት

sac

አጥር

tanca

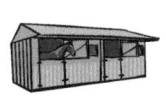

የፈረስ ጋጣ

establa

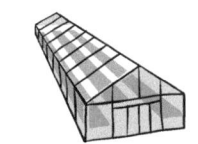

ዕፅዋት ማሳደጊያ የመስታዉት ቤት

hivernacle

አፈር

sòl

ዘር

llavor

የመሬት ማዳበሪያ

adob

ጥምር ማረሻ

collidora

አዝመራ መሰብሰብ

collir

አዝመራ

collita

ድንች

nyam

ስንዴ

blat

ሶያ

soja

ድንች

patata

በቆሎ

blat de moro o d'indi

የከብት መኖ

colza

የፍሬ ዛፍ

arbre fruiter

የካሳቫ ዛፍ

mandioca

እህል

cereals

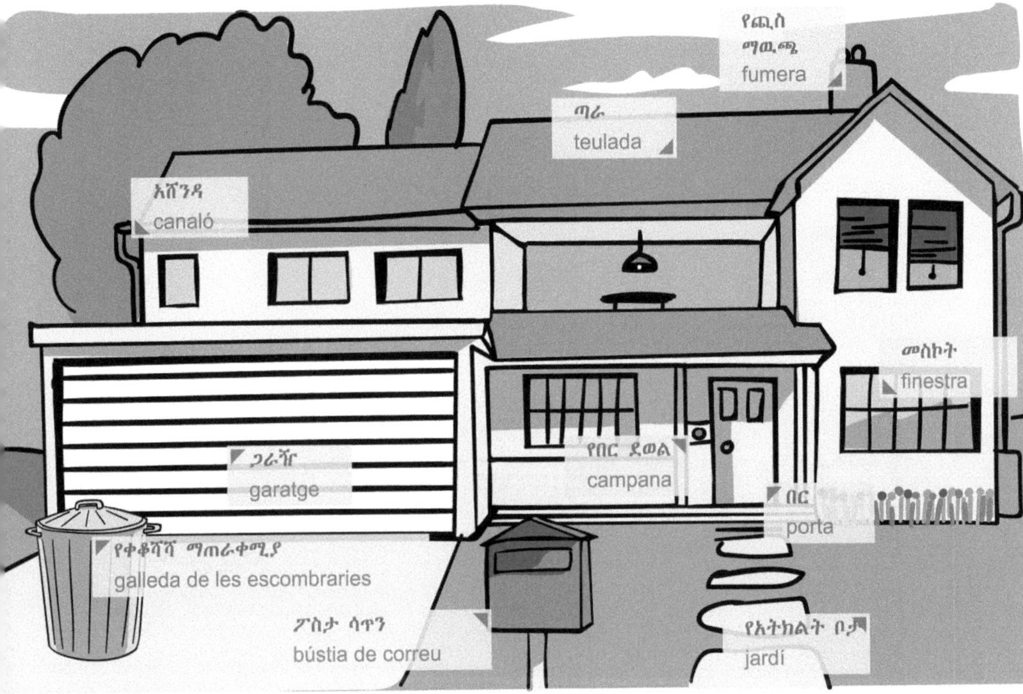

የጪስ ማዉጫ
fumera

ጣራ
teulada

አሽንዳ
canaló

መስኮት
finestra

ጋራዥ
garatge

የበር ደወል
campana

በር
porta

የቆቆሻሻ ማጠራቀሚያ
galleda de les escombraries

ፖስታ ሳጥን
bústia de correu

የአትክልት ቦታ
jardí

ሳሎን
sala d'estar

መታጠቢያ ቤት
bany

ማድቤት
cuina

መኝታ ቤት
cambra de dormir

የልጅ ክፍል
cambra de nen

መመገቢያ ክፍል
menjador

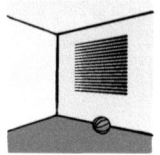

ወለል
....
sòl

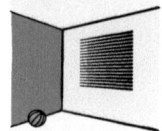

ግድግዳ
....
paret

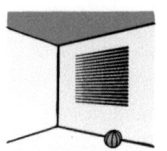

ጣሪያ
....
sostre

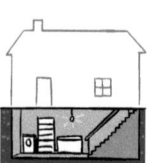

ምድር ቤት
....
soterrani

በእንፋሎት ሙቀት መታጠቢያ
........ቤት........
sauna

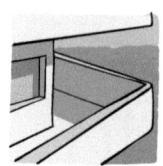

ሰገነት
....
balcó

ከፍ ያለ መደብ
....
terrassa

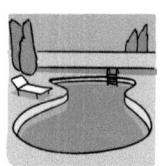

የመዋኛ ገንዳ
....
piscina

የማጨጃ መኪና
....
tallagespa

አንሶላ
....
vànova

የአልጋ ልብስ
....
cobrellit

አልጋ
....
llit

መጥረጊያ
....
escombra

ባልዲ
....
galleda

ማብሪያና ማጥፊያ
....
interruptor

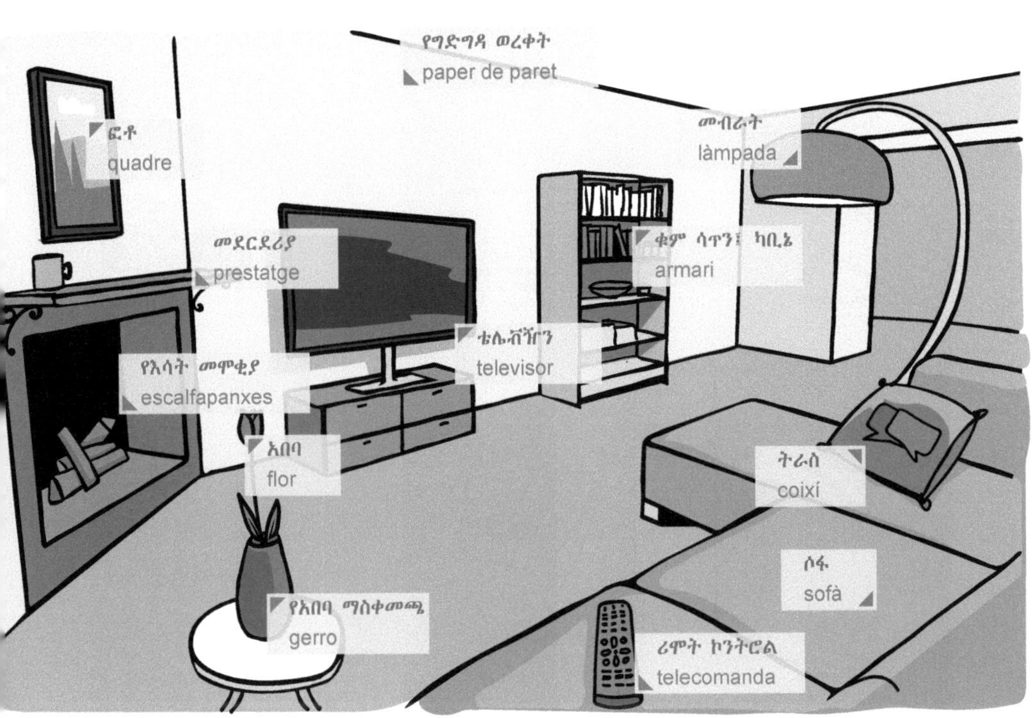

የግድግዳ ወረቀት
paper de paret

ፎቶ
quadre

መብራት
làmpada

መደርደሪያ
prestatge

ቁም ሳጥን፣ ካቢኔ
armari

ቴሌቪዥን
televisor

የእሳት መሞቂያ
escalfapanxes

አበባ
flor

ትራስ
coixí

ሶፋ
sofà

የአበባ ማስቀመጫ
gerro

ሪሞት ኮንትሮል
telecomanda

ንጣፍ
catifa

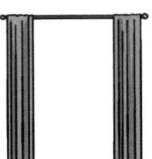

መጋረጃ
cortina

ጠረጴዛ
taula

ወንበር
cadira

ተወዛዋዥ ወንበር
cadira gronxadora

ባለመደገፊያ ወንበር
cadiral

መጽሐፍ

....

llibre

ብርድ ልብስ

....

llençol

ጌጥ

....

decoració

ማገዶ

....

llenya

ፊልም

....

film

የሙዚቃ መማጫወቻ

....

cadena de música

ቁልፍ

....

clau

ጋዜጣ

....

diari

ስዕል

....

pintura

የተለጠፈ ማስታወቂያ እንደ ስዕል

....

cartell

ራዲዮ

....

ràdio

ማስታወሻ ደብተር

....

bloc de notes

የአየር ማፅጃ ለምንጣፍ

....

aspiradora

ቁልቋል

....

cactus

ሻማ

....

candela

ማድቤት
cuina

ማቀዝቀዣ
refrigerador
ማይክሮዌቭ ምግብ ማብሰያ
microones
የኩሽና መመዘኛ ሚዛን
balança de cuina
ዳቦ መጥበሻ
torradora
ንፁህ ማድረጊያ
detergent per a plats
ምድጃ
forn
ማቀዝቀዣ
congelador
የቆቆሻሻ ማጠራቀሚያ
galleda de les escombraries
እቃ ማጠቢያ
rentaplats

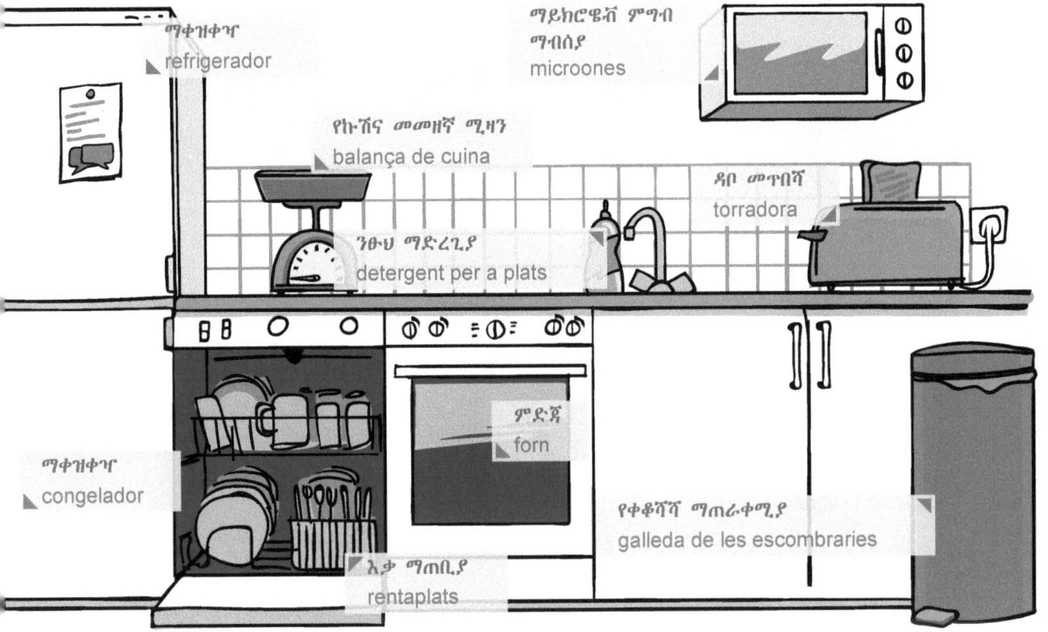

ምግብ አብሳይ

cuina de fogons

ማሰሮ

olla

የብረት ማሰሮ

olla de ferro colat

ምግብ ማብሰያ ዝርግ ድስት

wok / karahi

የምግብ መጥበሻ

paella

ማንቆርቆሪያ

bullidor

የእንፋሎት ማብሰያ

olla de vapor

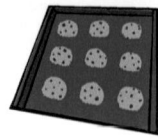

የመጋገሪያ ትሪ

plata de forn

ሰብስቦች

vaixella

ትልቅ ኩባያ

tassa grossa

ጎድጓዳ ሳህን

bol

ቾፕስቲክስ

bastonets xinesos

ጭልፋ

culler

መሰቅሰቂያ ዝርግ ማንኪያ

espàtula

ማደባለቂያ

batedor

መወጠሪያ

colador

ወንፊት

sedàs

መፈርፈሪያ መሳሪያ

ratllador

ሲሚንቶ

morter

የፍም ጥብስ

barbacoa

የተለቀቀ እሳት

foc a terra

መክተፊያ
....
taula de tallar

ተንሸራታች መርፌ
....
corró

የጠርሙስ መክፈቻ
....
llevataps

ጣሳ
....
pot de conserva

የጣሳ መክፈቻ
....
obridor

የማሰሮ መሸፈኛ
....
agafador

ሳህን ማጠቢያ
....
aigüera

ብሩሽ
....
raspall

ስፖንጅ
....
esponja

መደባለቂያ መሳሪያ
....
batedora

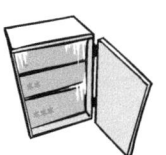

በጣም ማቀዝቀዣ
....
congelador

ጡጦ
....
biberó

ቧንቧ
....
aixeta

መታጠቢያ ቤት

bany

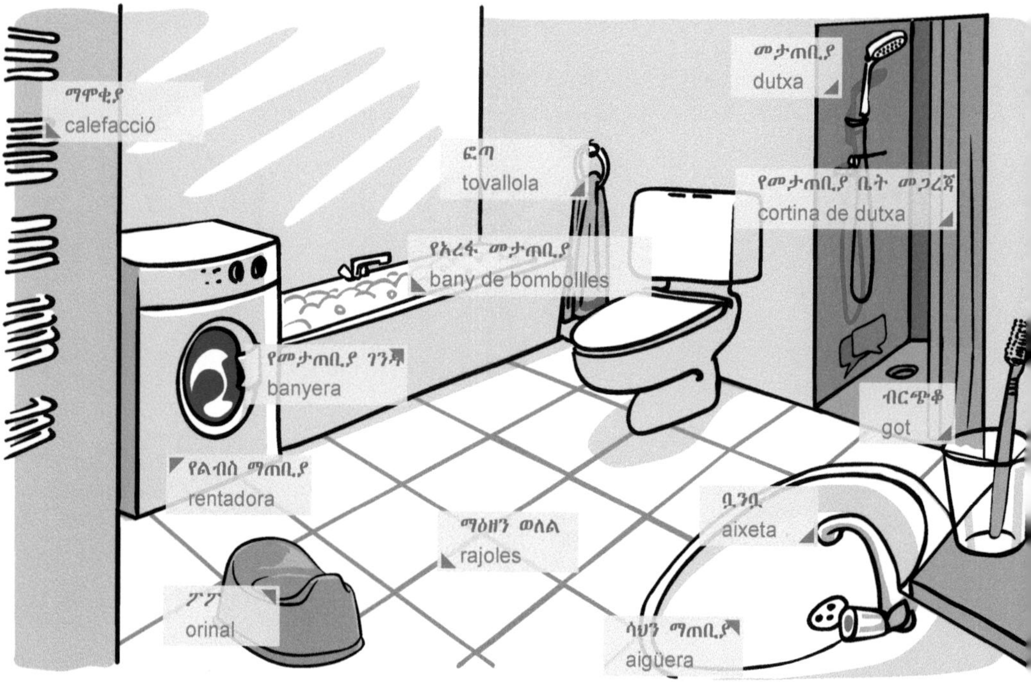

ማሞቂያ
calefacció
ፎጣ
tovallola
መታጠቢያ
dutxa
የመታጠቢያ ቤት መጋረጃ
cortina de dutxa
የአረፋ መታጠቢያ
bany de bombolles
የመታጠቢያ ገንዳ
banyera
ብርጭቆ
got
የልብስ ማጠቢያ
rentadora
ቧንቧ
aixeta
ማዕዘን ወለል
rajoles
ፖፖ
orinal
ሳህን ማጠቢያ
aigüera

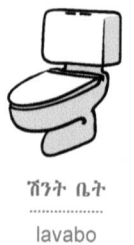

ሽንት ቤት

lavabo

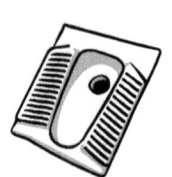

የሽንት ቤት መቀመጫ

lavabo turc

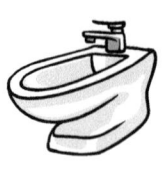

ሳፋ

bidet

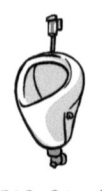

የመንገድ ዳር መሽኛ

orinador

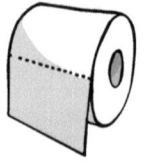

የሽንት ቤት ወረቀት

paper higiènic

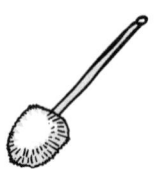

የሽንት ቤት ማፅጃ ብሩሽ

escombreta de sanitari

የጥርስ ብሩሽ

raspall de dents

የጥርስ ሳሙና

pasta de dents

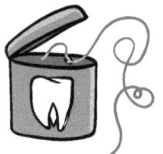

የጥርስ ማፅጃ ክር

fil dental

መታጠብ

rentar

የእጅ መታጠቢያ

pom de dutxa

መታጠቢያ

dutxa íntima

ጎድጓዳ ሳህን

rentamans

የጀርባ ብሩሽ

raspall per a l'esquena

ሳሙና

sabó

የመታጠቢያ የሚዝለገለግ ሳሙና

gel de dutxa

የፀጉር መታጠቢያ ሳሙና

xampú

ለስላሳ ጨርቅ

manyopla de bany

ፍሳሽ

bonera

ክሬም

crema

ጠረን መቀየሪያ ንጥረ ነገር

desodorant

መስታወት

mirall

የእጅ መስታወት

mirall-espill de mà

ምላጭ

maquineta de rasar

የመላጫ አረፋ

espuma de barbejar

ከመላጨት በኋላ የሚቀባ ሽቱ

loció post-rasada

ማበጠሪያ

pinta

ብሩሽ

raspall

የፀጉር ማድረቂያ

eixugador

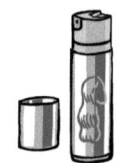

በፀጉር ላይ የሚነፋ

laca

የፊት መቀባቢያ

maquillatge

የከንፈር ቀለም

pintallavis

የጥፍር ቀለም

esmalt d'ungles

የጥጥ ሱፍ

cotó

ጥፍር መቁረጫ

tallaungles

ሽቶ

perfum

ማጠቢያ ባልዲ

....

estoig de bellesa

መቀመጫ

....

tamboret

ሚዛን

....

bàscula

የመታጠቢያ ልብስ

....

barnús

የላስቲክ ጓንት

....

guants de goma

ሞዴስ

....

compresa higiènica

የፅዳት ፎጣ

....

compresa

የሽንት ቤት ኬሚካል

....

sanitari químic

የልጅ ክፍል
cambra de nen

የማንቂያ ደዉል ሰዐት
despertador
የህፃን አሻንጉሊት
animal de peluix
የመጫወቻ መኪና
auto de joguina
ማንገጫገጫ
መጫወቻ
sonall
የአሻንጉሊት ቤት
casa de nines
ስጦታ
present

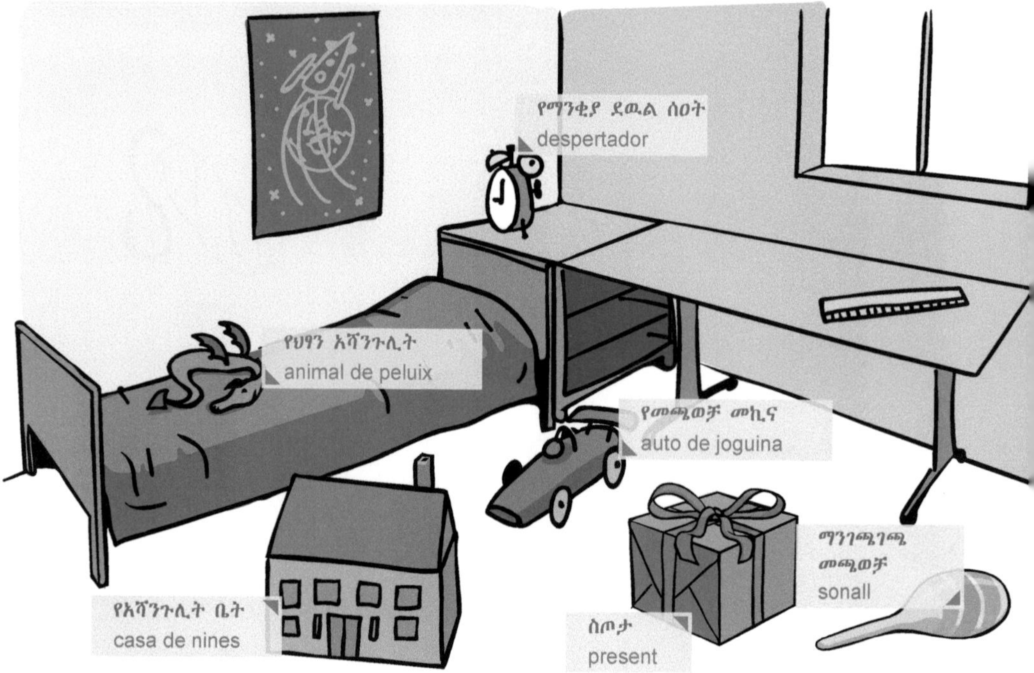

ፊኛ

baló

አልጋ

llit

የህፃን ማንሸራሸሪያ ጋሪ

cotxet per a nens

የካርታ መጫወቻ

joc de cartes

ቁርጥራጭ ምስሎችን የማገጣጠም
እና ምስል የማግኘት ጨዋታ

trencaclosca

አዝናኝ

historieta

ተገጣጣሚ መጫወቻ

peces de lego

የመጫወቻ መገጣጠሚያዎች

peces de construcció

የድርጊት ምስል

ninot d'acció

የህፃን እድገት

granota

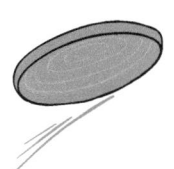

የፕላስቲክ መጫወቻ ዝርግ ሰሀን

frisbee

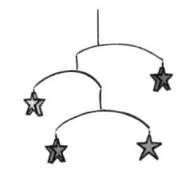

ተወዛዋዥ የህፃን ማጫወቻ

mòbil per a bressol

የሰሌዳ ጨዋታ

joc de taula

የመጫወቻ ጠጠር

daus

የመጫወቻ ባቡር

tren elèctric

የእንጀራ እናት ጡጦ

xumet

ድግስ

festa

የስዕል መፅሀፍ

llibre de dibuixos

ኳስ

pilota

አሻንጉሊት

nina

መጫወት

jugar

የአሸዋ መጫወቻ

sorrera

ዥዋዥዌ

gronxador

መጫወቻዎች

joguines

የቪዲዮ መጫወቻ

consola de jocs de vídeo

ባለ ሶስት ጎማ ብስክሌት

tricicle

የአሻንጉሊት ድብ

osset de peluix

ምሳጥን

armari

አልባሳት

roba

ካልሲዎች

mitjons

ስቶኪንጎች

mitges

ታይት

mitja pantaló

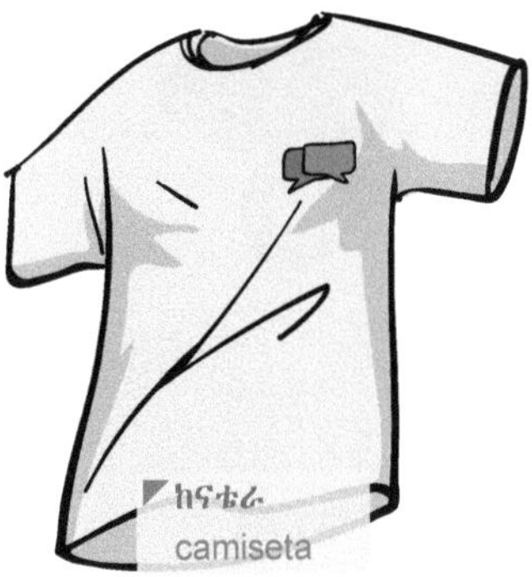

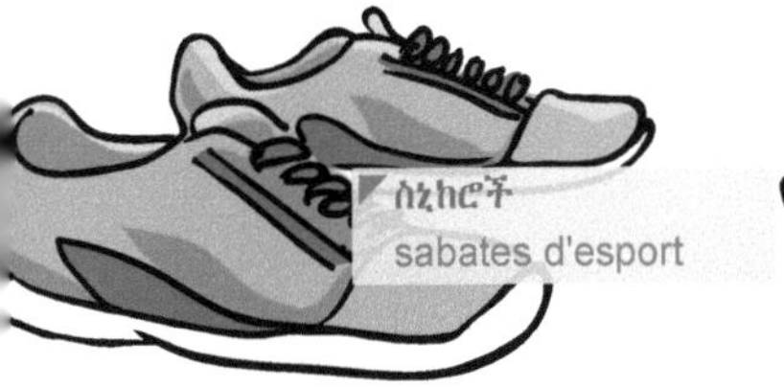

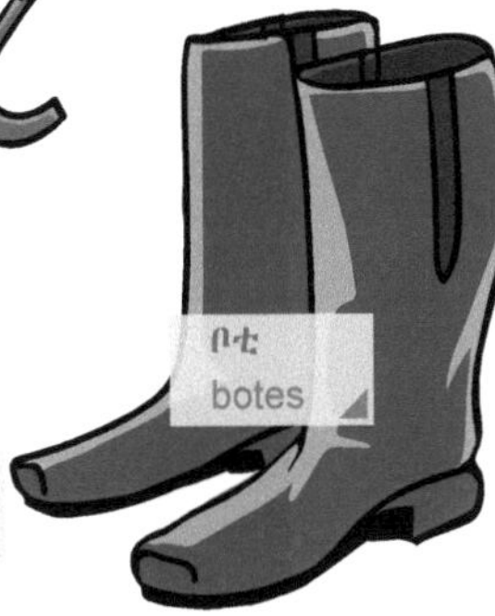

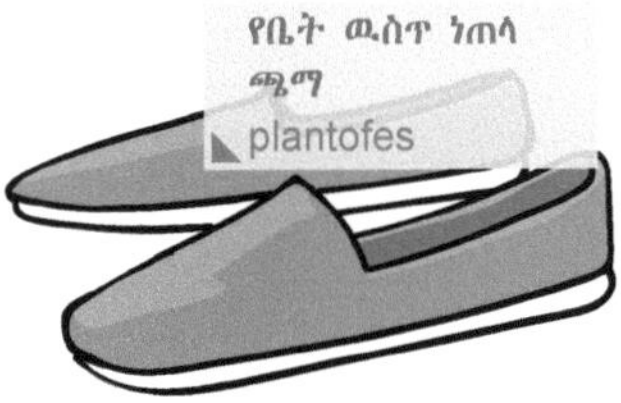

የአንገት ልብስ
tapacoll

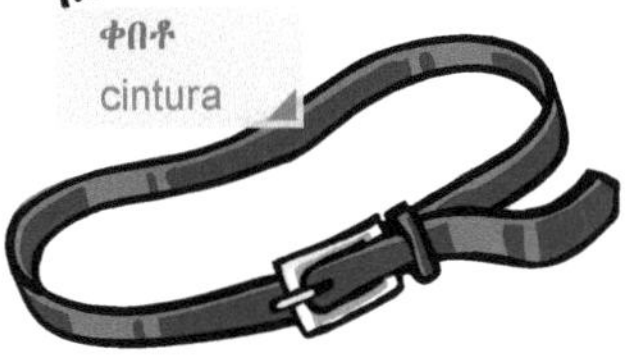

ግንጥላ
paraigua

ቀበቶ
cintura

ክናቴራ
camiseta

ቦቲ
botes

የቤት ዉስጥ ነጠላ ጫማ
plantofes

ስኒከሮች
sabates d'esport

ነጠላ ጫማዎች
....
sandàlies

ጫማዎች
....
sabates

የጎዝናብ ቡትስ
....
botes de goma

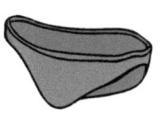

ሙታንታ
....
calçonets

ጡት መያዣ
....
sostenidor

ሰደርያ
....
guardapits

ሰዉነት

jjustacòs

ሱሪዎች

pantalons

ጅንስ

jeans

ጉርድ ቀሚስ

faldeta

ሸሚዝ

brusa

ሸሚዝ

camisa

የሚጠለቅ ሹራብ

jersei

ሹራብ

dessuadora

ዩኒፎርም ጃኬት

blazer

ጃኬት

jaqueta

ኮት

mantell

የዝናብ ኮት

impermeable

ልብስ

vestit de dona

ቀሚስ

vestit de dona

የሙሽራ ቀሚስ

vestit de núvia

ሱፍ

vestit d'home

የለሊት ልብስ

camisa de dormir

የለሊት ልብስ

pijama

ረጅም ቀሚስ

sari

ሂጃብ

mocador de cap

ጥምጣም

turbant

ቡርቃ

burca

ሽርጥ

caftan

አባያ

abaia

የዋና ልብስ

vestit de bany

አጭር ቁምጣ

calçon(et)s de bany

ቁምጣዎች

pantalons curts

የስራ ቱታ

xandall

ሽርጥ

davantal

ጓንት

guants

ቁልፍ

botó

መነፅር

ulleres

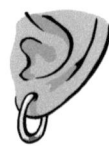

አምባር

braçalet

የአንገት ሀብል

collaret

ቀለበት

anell

የጆሮ ጌጥ

orellera

ኮፍያ

casquet

የኮት መስቀያ

penjador

ኮፍያ

capell

ከረቫት

corbata

ዚፕ

cremallera

የብረት ቆብ

casc

መደገፊያ

elàstics

የትምህርት ቤት የደንብ ልብስ

uniforme escolar

የደንብ ልብስ

uniforme

መሃረብ

pitet

የእንጀራ እናት ጡጦ

xumet

ሽንት ጨርቅ

bolquer

ቢሮ

oficina

ማሰራጫ ጣቢያ
servidor
የፋይል መደርደሪያ ካቢኔ
armari arxivador
የህትመት መሳሪያ
impressora
ወረቀት
paper
መቆጣጠሪያ
monitor
ratolí
መፃፊያ ጠረጴዛ
escriptori
ማህደር
arxivador
የመፃፊ ቁልፎች
teclat
ወንበር
cadira
የቆሻሻ ወረቀት መጣያ ቅርጫት
paperera
ordinador

የቡና መጠጫ ትልቅ ኩባያ

tassa de cafè

ማስልያ ማሽን

calculadora

ኢንተርኔት

Internet

ላፕቶፕ

ordinador portàtil

ደብዳቤ

lletra

መልዕክት

missatge

ተንቀሳቃሽ ስልክ

mòbil

የግንኙነት አዉታር

xarxa

ማባዣ ማሽን

fotocopiadora

ሶፍትዌር

programari

ስልክ

telèfon

የግድግዳ ሶኬት

presa de corrent

የፋክስ ማሽን

fax

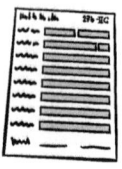

ቅፅ

formulari

ሰነድ

document

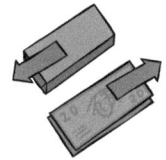

መግዛት

comprar

መክፈል

pagar

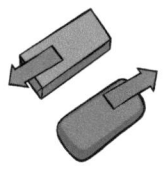

መነገድ

comerciar

ገንዘብ

diners

USD

ዶላር

dòlar

EUR

ዩሮ

euro

JPY

የን

ien

RUB

ሩብል

ruble

CHF

የስዊዝ ፍራንክ

franc suís

CNY

ሬንሚንቢ ዩዋን

renminbi

INR

ሩጲ

rupia

የገንዘብ ነጥብ

caixa automàtica

የዉጭ ገንዘብ ምንዛሪ ቢሮ

oficina de canvi

ወርቅ

or

ብር

argent

ዘይት

petroli

ሀይል፤ ጉልበት

energia

ዋጋ

preu

ግንኙነት

contracte

ቀረጥ

impost

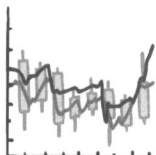

አክስዮን

acció

መስራት

treballar

ተቀጣሪ

treballador

ቀጣሪ

empresari

ፋብሪካ

fàbrica

ሱቅ

botiga

የስራ ሙያዎች

oficis

የፖሊስ አዛዥ
oficial de policia
የእሳት አደጋ ሰራተኛ
bomber
ምግብ አብሳይ
cuiner
ዶክተር
doctora
አብራሪ
pilot

አትክልተኛ

jardiner

አናጢ

fuster

ልብስ ሰፊ ሴት

costurera

ዳኛ

jutge

ቀማሚ

química

ተዋናይ

actor

የአዉቶቢስ ሹፌር

conductor d'autobús

የታክሲ ሹፌር

taxista

አሳ አጥማጅ

pescador

ፅዳት ሰራተኛ

dona de la neteja

የጣራ ሰራተኛ

ensostrador

አስተናጋጅ

cambrer

አዳኝ

caçador

ሰዓሊ

pintor

ጋጋሪ

forner

የኤሌትሪክ ሰራተኛ

electricista

ገምቢ

obrer de la construcció

መሃሃዲስ

enginyer

ልኳንዳ

carnisser

የቧንቧ ሰራተኛ

llanterner

የፖስታ ሰራተኛ

correu

ወታደር

soldat

መሃንዲስ

arquitecte

የሒሳብ ሰራተኛ

caixera

አበባ ሻጭ

florista

የፀጉር ሰራተኛ

perruquer

ቲኬት ቆራጭ

revisor

መካኒክ

mecànic

ካፒቴን

capità

የጥርስ ሐኪም

dentista

ተመራማሪ

científic

መምህር

rabí

የሙስሊም ሃይማኖታዊ መሪ

imam

መነኩሴ

monjo

ካህን

capellà

መሳሪያዎች

eines

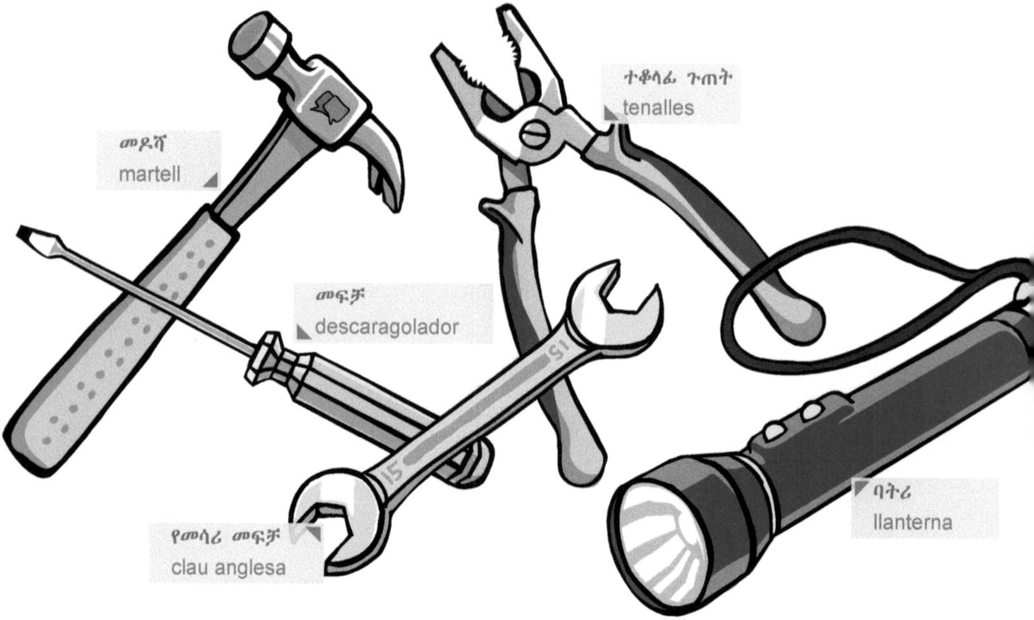

መዶሻ
martell
ተቆላፊ ጉጠት
tenalles
መፍቻ
descaragolador
የመሳሪ መፍቻ
clau anglesa
ባትሪ
llanterna

በቁፋሮ የሚዝቅ
excavadora

የመፍቻ ሳጥን
caixa d'eines

መሰላል
escala

መጋዝ
serra

ምስማር
claus

መሰርሰሪያ
trepant

መጠገን

reparar

አካፋ

pala

የተረገመ!

Maleït siga!

ቆሻሻ ማፈሻ

pala

የቀለም ቆርቆሮ

pot de pintura

ብሎን

caragols

የሙዚቃ መሳሪያዎች

instrument de música

የከበሮ መሳሪያዎች
bateria
የድምፅ ማጉያ መሳርያ
altaveu
ክራር መሰል የሙዚቃ መሳሪያ
guitarra
የትንፋሽ ሙዚቃ መሳሪያ
trompeta
ድርብ ቤዝ ጊታር
contrabaix

ፒያኖ

piano

ቫዮሊን

violí

ወፍራም፤ ጎርናና ድምፅ ያለዉ ክራር መሰል ሙዚቃ መሳሪያ

baix

ነጋሪት

timbal

ከበሮ

tambor

በኤሌክትሪክ የሚሰራ ፒኖ

teclat

የትንፋሽ ሙዚቃ መሳሪያ

saxofon

ዋሽንት

flauta

የድምፅ ማጉያ

micròfon

የደር እንስሳት ማቆያ

ZOO

መግቢያ
entrada
ነብር
tigre
ሳጥን
gàbia
የሜዳ አህያ
zebra
የእንስሳ ምግብ
aliment per a animals
ትልቅ ድብ
ós panda

እንስሳቶች

animals

ዝሆን

elefant

ካንጋሮ

cangurú

አዉራሪስ

rinoceront

ትልቅ ዝንጀሮ

goril·la

ድብ

ós

ግመል

camell

ሰጎን

estruç

አንበሳ

lleó

ጦጣ

simi

ቅልጥመ ረዥም ወፍ

flamenc

በቀቀን

papagai

የወዋልታ ድብ

ós polar

የዋልታ ወፎች

pingüí

ረጅም ጥርሶች ያሉትአሳ ነባሪ

ca mari

ጣዎስ

paó

እባብ

serp

አዞ

cocodril

የዱር አራዊት የሚጠበቁበት ማቆያን የሚጠብቅ

guardià del zoo

አሳ በሊታ የባህር እንስሳ

foca

የዱር ድመት

jaguar

ድንክ ፈረስ
poni

ነብር
lleopard

ጉማሬ
hipopòtam

ቀጭኔ
girafa

ንስር
àliga

ከርከሮ
senglar

አሳ
peix

የባህር ኤሊ
tortuga

የባህር አዉሬ
morsa

ቀበሮ
guineu

የሜዳ ፍየል ፤ ሚዳቋ
gasela

የስፖርት አይነቶች

esports

የአሜሪካ እግርኳስ
futbol americà
የብስክሌት ስፖርት
ciclisme
ቴኒስ
tenis
የቅርጫት ኳስ
bàsquet
ዋና
natació
የበረዶ ላይ የገና ጨዋታ
hoquei sobre gel
የ ጤ ስፖርት
boxa

እግር ኳስ

futbol americà

የላበ ኳስ ጨዋታ

bàdminton

አትሌቲክስ

atletisme

የእጅ ኳስ ስፖርት

handbol

የበረዶ መንሸራተት ስፖርት

esquí

ፈረስ ግልቢያ

polo

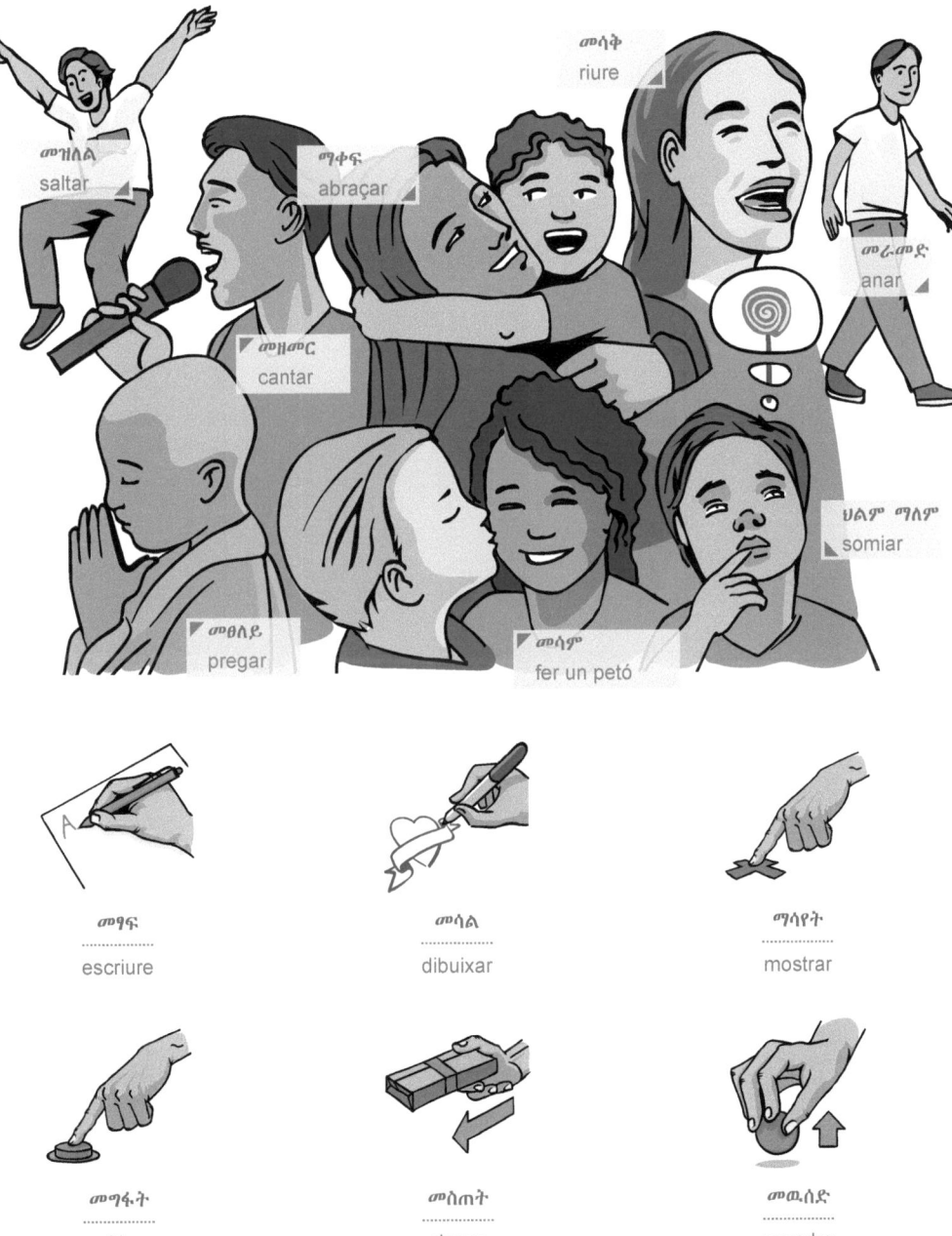

መዝለል
saltar
ማቀፍ
abraçar
መሳቅ
riure
መራመድ
anar
መዘመር
cantar
ህልም ማለም
somiar
መፀለይ
pregar
መሳም
fer un petó

መፃፍ

escriure

መሳል

dibuixar

ማሳየት

mostrar

መግፋት

pitjar

መስጠት

donar

መዉሰድ

prendre

መያዝ

tenir

ማድረግ

fer

መሆን

ésser

መቆም

estar dret

መሮጥ

córrer

መሳብ

estirar

መወርወር

llançar

መዉደቅ

caure

መዋሸት

jeure

መጠበቅ

esperar

መሸከም

portar

መቀመጥ

asseure's

መልበስ

vestir-se

መተኛት

dormir

መንቃት

despertar-se

መመልከት
....
mirar

ማለልቀስ
....
plorar

መጫር
....
amoixar

ማበጠር
....
pentinar

ማዉራት
....
parlar

መረዳት
....
comprendre

ጥያቄ
....
demanar

ማዳመጥ
....
escoltar

መጠጣት
....
beure

መብላት
....
menjar

ማንጋት
....
endreçar

ማፍቀር
....
estimar

ምግብ ማብሰል
....
cuinar

መንዳት
....
conduir

መብረር
....
volar

መርከብ መንዳት
navegar

ቁጥሮችን ማስላት
calcular

ማንበብ
llegir

መማር
aprendre

መስራት
treballar

ማግባት
casar-se

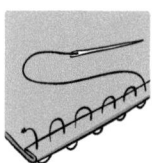

መስፋት
cosir

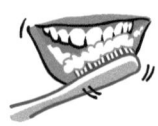

ጥርስ መቦረሽ
raspallar-se les dents

መግደል
matar

ማጨስ
fumar

መላክ
enviar

ቤተሰብ
família

የሴት አያት
àvia
የወንድ አያት
avi
አባት
pare
እናት
mare
ህፃን
nadó
ሴት ልጅ
filla
ወንድ ልጅ
fill

እንግዳ
convidat

አክስት
tia

አጎት
oncle

ወንድም
germà

እህት
germana

አካል

cos

ግንባር
front
አይን
ull
ትከሻ
espatlla
ጣት
dit
ፊት
cara
አገጭ
barbeta
እጅ
mà
ጡት
pit
እግር
cama
ክንድ
braç

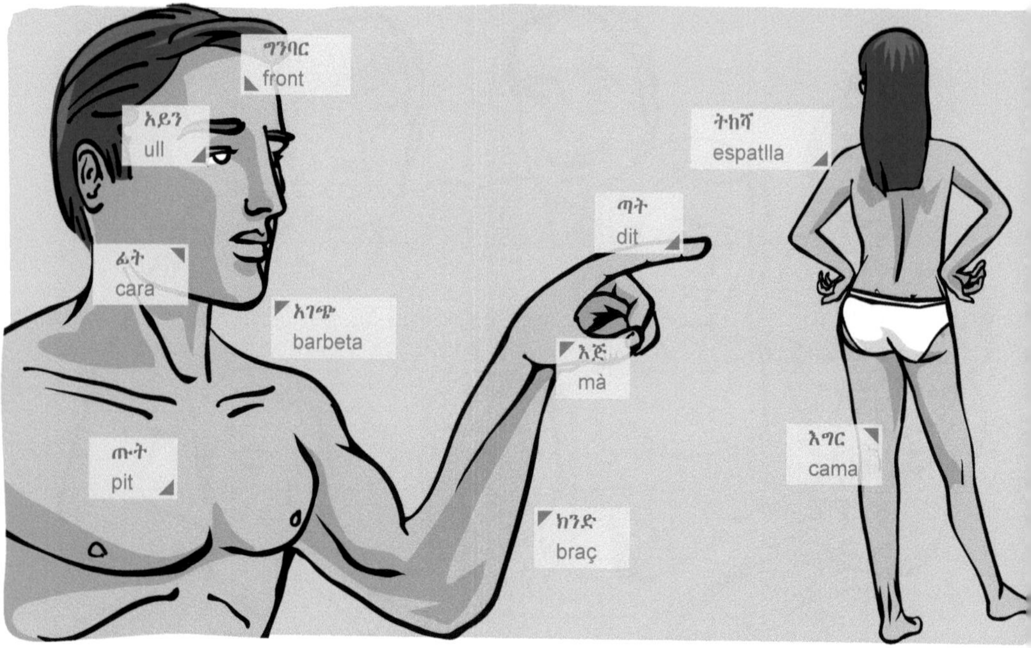

ህፃን

nadó

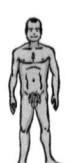

ሰዉ

home

ሴት

dona

ልጃገረድ

noia

ወንድ ልጅ

noi

ራስ

cap

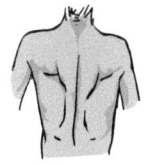

ጀርባ

esquena

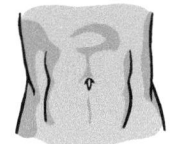

ሆድ

panxa

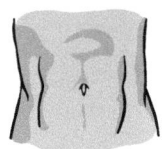

እምብርት

melic

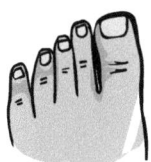

የእግር ጣት

dit gros del peu

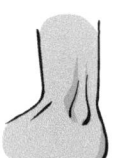

ተረከዝ

taló

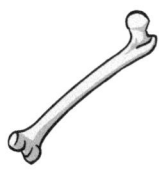

አጥንት

os

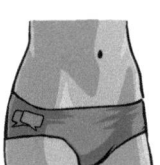

ዳሌ

maluc

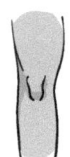

ጉልበት

genoll

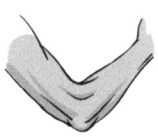

ክርን

colze

አፍንጫ

nas

ቂጥ

cul

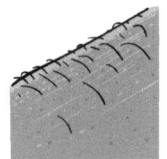

ቆዳ

pell

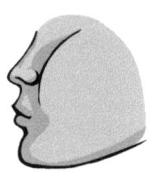

ጉንጭ

galta

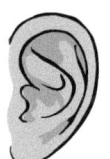

ጆሮ

orella

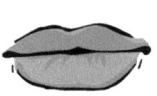

ከንፈር

llavi

አፍ
....
boca

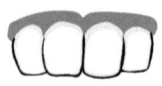

ጥርስ
....
dent

ምላስ
....
llengua

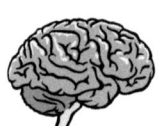

አንጎል
....
cervell

ልብ
....
cor

ጡንቻ
....
múscul

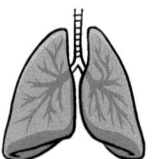

ሳምባ
....
pulmó

ጉበት
....
fetge

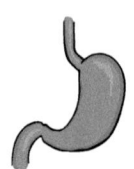

ሆድ
....
estómac

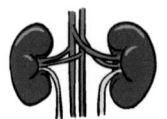

ኩላሊቶች
....
ronyó

የግብረስጋ ግንኙነት
....
relació sexual

ኮንዶም
....
preservatiu

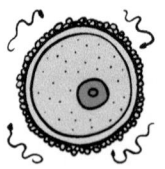

የሴት እንቁላል
....
ovari

የዘር ፈሳሽ
....
semen

እርግዝና
....
prenyat

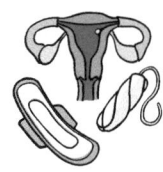

የወር አበባ
menstruació

እምስ
vagina

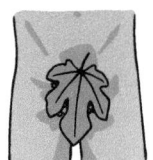

ቁላ
penis

ቅንድብ
cella

ፀጉር
cabells

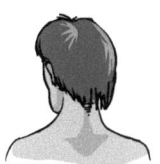

አንገት
coll

ሆስፒታል
hospital

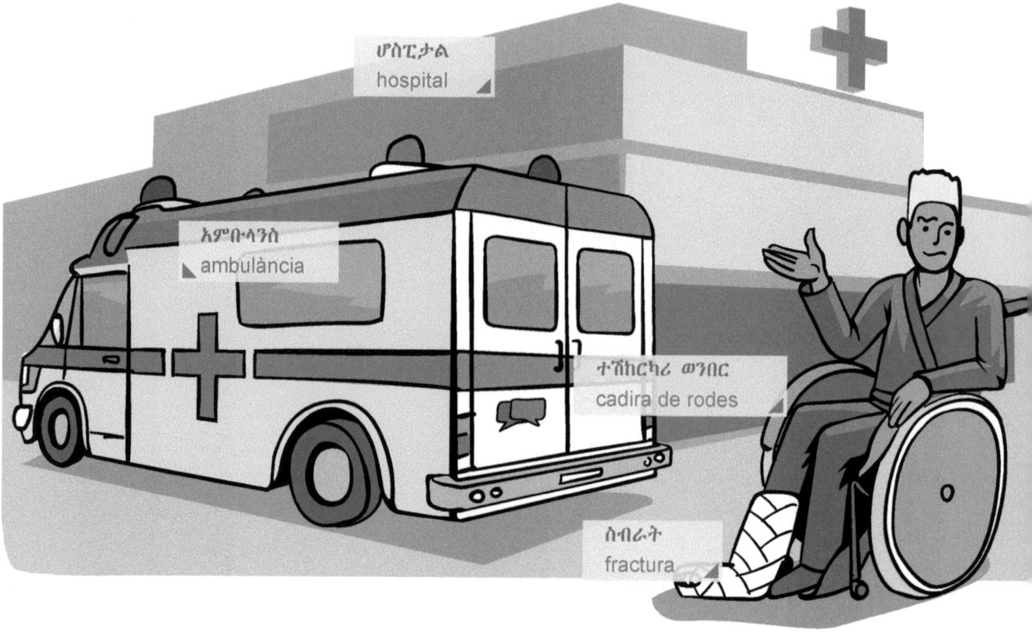

ሆስፒታል
hospital
አምቡላንስ
ambulància
ተሽከርካሪ ወንበር
cadira de rodes
ስብራት
fractura

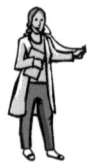

ዶክተር

doctora

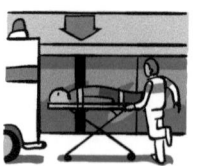

ድንገተኛ ክፍል

sala d'urgències

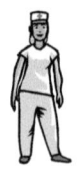

ነርስ

infermera

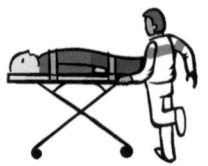

ድንገተኛ

urgència

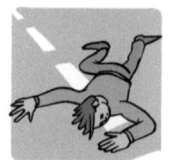

ራስን መሳት/ አለማወቅ

inconscient

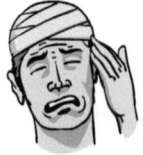

ህመም

dolor

ጉዳት

ferida

መድማት

sagnament

የልብ ድካም

atac de cor

ስትሮክ

apoplexia

አለርጂ

al·lèrgia

ሳል

tos

ትኩሳት

febre

ኢንፍሎዌንዛ

gripa

ተቅማጥ

diarrea

የራስ ምታት

mal de cap

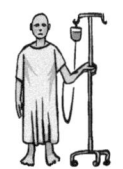

ካንሰር

càncer

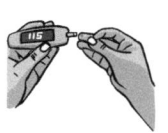

የስኳር በሽታ

diabetis

ቀዶ ጠጋኝ ሐኪም

cirurgià

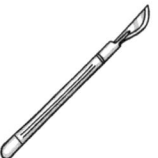

የቀዶ ጥገና ስለት

escalpel

ቀዶ ጥገና

operació

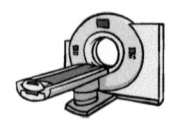

ሲቲ

tomografia computada (TC), TAC

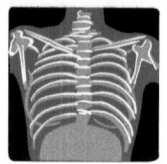

ኤክስሬዮ

raigs x

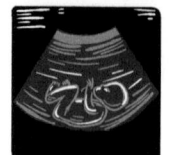

አልትራሳዉንድ

ultrasò

የፊት ጭምብል

mascareta

ሽታ

malaltia

መጠ ቂያ ክፍል

sala d'espera

ምርኩዝ

crossa

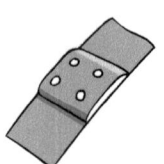

የቁስል ማሸጊያ

tireta

ፋሻ

embenat

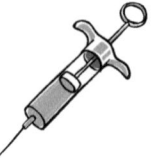

መር

injecció

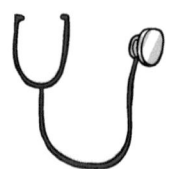

የልብ ምት ማዳመጫ መሳሪያ

estetoscopi

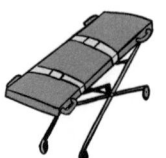

የ ሽተኛ አልጋ

llitera

የህክምና ሙቀት መለኪያ መሳሪያ

termòmetre clínic

መውለድ

pariment

ከልክ ያለፈ ክብደት

sobrepès

ለመስማት የሚረዳ መሳሪያ

aparell auditiu

ፀረ ተባይ መድሀኒት

desinfectant

ማመርቀዝ

infecció

ቫይረስ

virus

ኤች አይቪ ኤድስ

VIH / SIDA

ህክምና

medicina

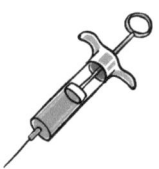

ክትባት

vaccí

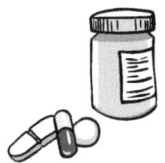

ኪኒን

comprimits

ኪኒን

píl·lola

አስቸኳይ የስልክ ጥሪ

trucada d'urgència

ደም ግፊት መቆጣጠሪያ

tensiòmetre

ህመም/ ጤንነት

malalt / sà

ድንገተኛ
urgència

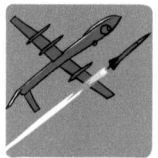

እርዳታ!	ማንቂያ ደዉል	ጥቃት
Socors!	alarma	assalt
ድብደባ	አደጋ	የድንገተኛ መዉጫ
atac	perill	sortida-eixida d'urgència
እሳት!	እሳት ማጥፊያ	አደጋ
Foc!	extintor	accident
የመጀመሪያ እርዳታ መድሃኒት መያዣ	ነፍስ አድን	ፖሊስ
farmaciola de primers auxilis	SOS	policia

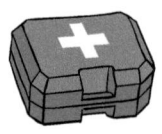

አዉሮፓ

Europa

ሰሜን አሜሪካ

Amèrica del Nord

ደቡብ አሜሪካ

Amèrica del Sud

አፍሪካ

Àfrica

እስያ

Àsia

አዉስትራሊያ

Austràlia

አትላንቲክ

Atlàntic

ፓስፊክ

Pacífic

የህንድ ዉቅያኖስ

Oceà Índic

አንታርክቲክ ዉቅያኖስ

Oceà Antàrtic

አርክቲክ ዉቅያኖስ

Oceà Àrtic

ሰሜን ዋልታ

pol nord

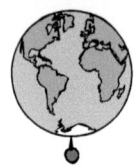

ደቡብ ዋልታ

pol sud

አንታርክቲካ

Antàrtida

ምድር

terra

መሬት

país

ባህር

mar

ደሴት

illa

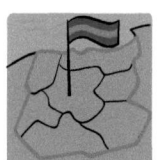

አገርና ህዝብ

nació

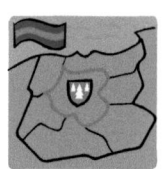

መንግስት

estat

ሰዓት

rellotge

የሰዓት ገፅታ

quadrant

ሰዓት

agulla de les hores

ደቂቃ

agulla dels minuts

ሴኮንድ

agulla dels segons

ስንት ሰዓት ነው?

Quina hora és?

ቀን

dia

ጊዜ

temps

አሁን

ara

የቁጥር ሰዐት

rellotge digital

ደቂቃ

minut

ሰዓታት

hora

setmana

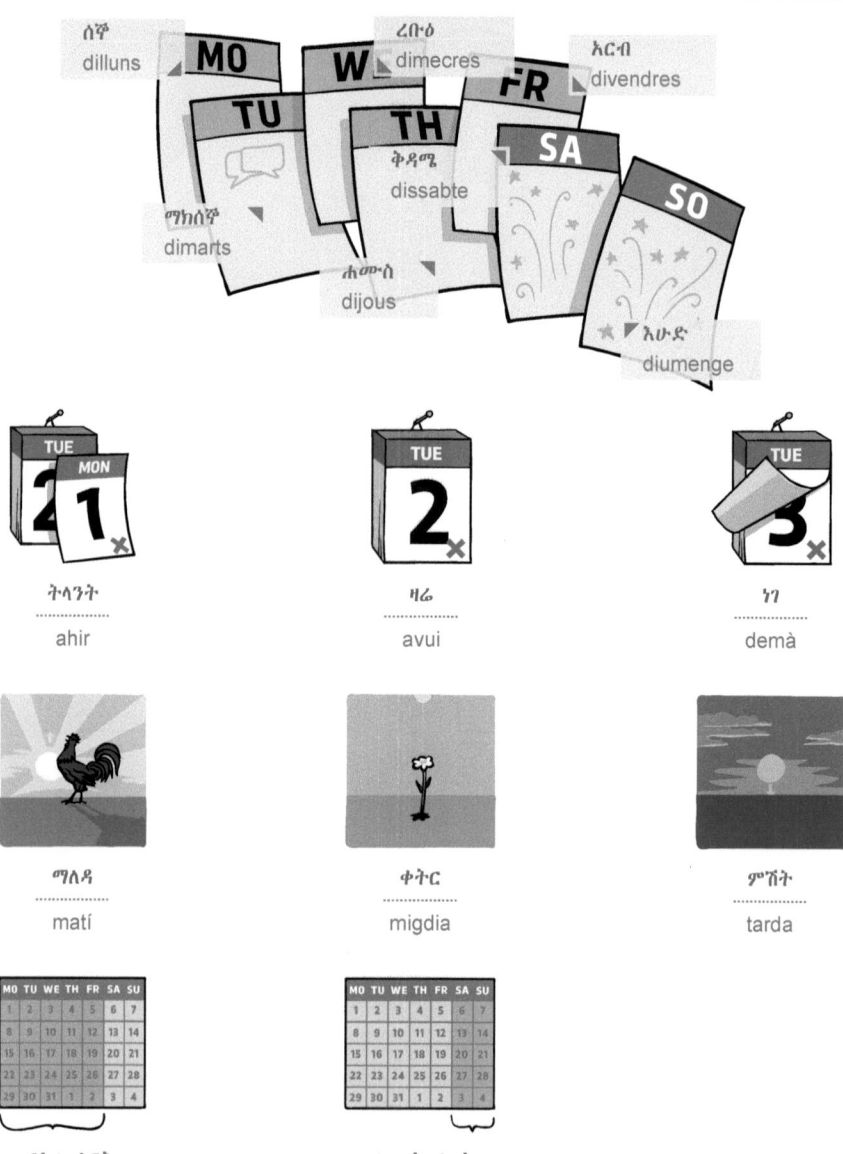

ሰኞ dilluns — MO
ረቡዕ dimecres — W
ዓርብ divendres — FR
TU
TH
ማክሰኞ dimarts
ቅዳሜ dissabte — SA
SO
ሐሙስ dijous
እሁድ diumenge

ትላንት
ahir

ዛሬ
avui

ነገ
demà

ማለዳ
matí

ቀትር
migdia

ምሽት
tarda

MO	TU	WE	TH	FR	SA	SU
1	2	3	4	5	6	7
8	9	10	11	12	13	14
15	16	17	18	19	20	21
22	23	24	25	26	27	28
29	30	31	1	2	3	4

የስራ ቀናት
dia feiner

MO	TU	WE	TH	FR	SA	SU
1	2	3	4	5	6	7
8	9	10	11	12	13	14
15	16	17	18	19	20	21
22	23	24	25	26	27	28
29	30	31	1	2	3	4

የዕረፍት ቀናት
cap de setmana

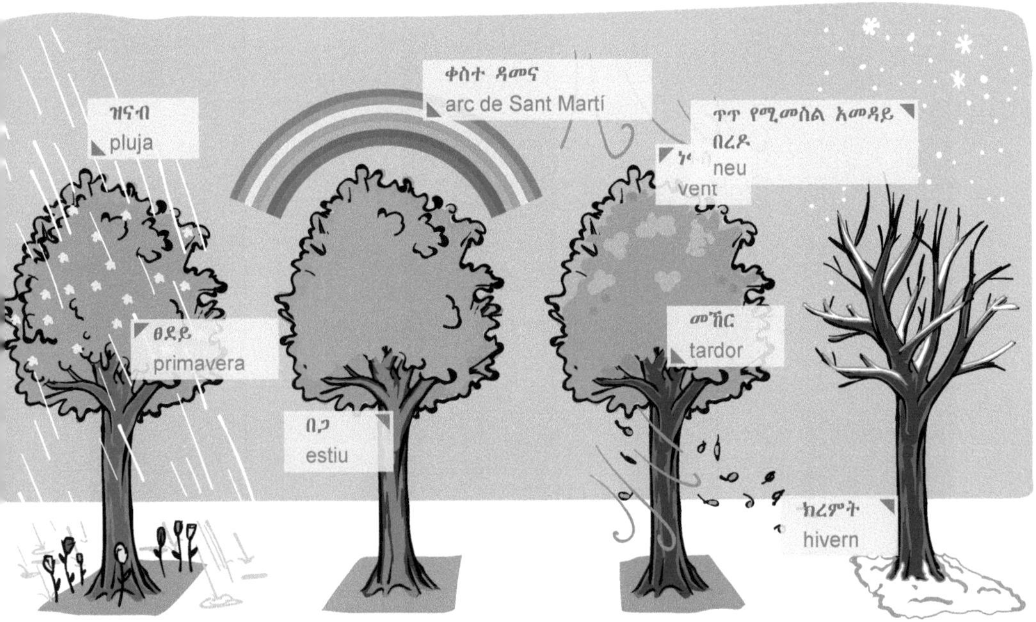

ዝናብ
pluja

ቀስተ ዳመና
arc de Sant Martí

ጥጥ የሚመስል አመዳይ
በረዶ
neu

ነፋስ
vent

ፀደይ
primavera

መኸር
tardor

በጋ
estiu

ክረምት
hivern

4.APRIL	11°
5.APRIL	4°
6.APRIL	13°
7.APRIL	8°
8.APRIL	10°

የአየር ሁኔታ ትንበያ
pronòstic del temps

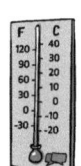

የሙቀት መለኪያ
termòmetre

የፀሀይ ሙቀት
llum del sol

ደመና
núvol

ጭጋግ
boira

እርጥበታማነት
humiditat de l'aire

መብረቅ

llamp

ነጎድጓድ

tro

አዉሎ ንፋስ

tempesta

የበረዶ ዝናብ

calamarsa

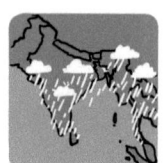

አዉሎ ንፋስ

monsó

ጎርፍ

inundació

በረዶ

gel

ጥር

gener

የካቲት

febrer

መጋቢት

març

ሚያዚያ

abril

ግንቦት

maig

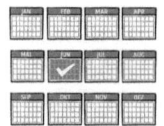

ሰኔ

juny

ሐምሌ

juliol

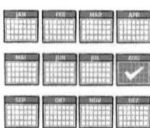

ነሀሴ

agost

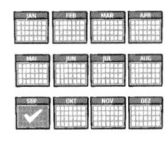

መስከረም

setembre

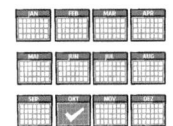

ጥቅምት

octubre

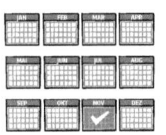

ህዳር

novembre

ታህሳስ

desembre

ቅርፆች

formes

ክብ

cercle

አራት ማዕዘን

quadrat

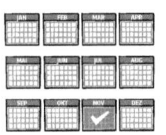

አራት ቀጥተኛ ማዕዘኖች ጎኖች ያሉት ቅርፅ

rectangle

ሶስት ማዕዘን

triangle

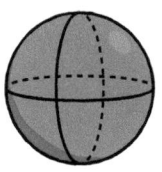

ሉል

esfera

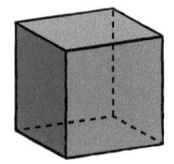

ስድስት ጎን ያለዉ ቅርፅ

cub

ቀለማት

colors

ነጭ

blanc

ቢጫ

groc

ብርቱካናማ

taronja

ሮዝ

rosa

ቀይ

vermell

ወይን ጠጅ

lila

ሰማያዊ

blau

አረንጓዴ

verd

ቡኒ

marró

ግራጫ

gris

ጥቁር

negre

ተቃራኒዎች

oposats

ብዙ/ ጥቂት
....
molt / poc

ንዴት/ እርጋታ
....
emprenyat / tranquil

ቆንጆ/ አስቀያሚ
....
bonic / lleig

ማሬ/ ፍፃሜ
....
començament / fi

ትልቅ/ ትንሽ
....
gran / petit

ደማቅ/ ደብዛዛ
....
clar / fosc

ወንድም/ እህት
....
germà / germana

ንፁህ/ ቆሻሻ
....
net / brut

የተሟላ/ ያልተሟላ
....
complet / incomplet

ቀን/ ምሽት
....
dia / nit

የሞተ/ ህያዉ
....
mort / viu

ሰፊ/ ጠባብ
....
ample / estret

የሚበላ/ የማይበላ

comestible / immenjable

ክፉ/ ደግ

dolent / amable

ደስተኛ/ ድብርተኛ

entusiasmat / entediat

ወፍራም/ ቀጭን

gros / prim

መጀመርያ/ መጨረሻ

primer / darrer

ጓደኛ/ ጠላት

amic / enemic

ሙሉ/ ጎዶሎ

ple / buit

ጠንካራ/ ለስላሳ

dur / tou

ከባድ/ ቀላል

pesant / lleuger

ረሃብ/ ጥማት

gana / set

ህመም/ ጤንነት

malalt / sà

ህገወጥ/ ህጋዊ

il·legal / legal

ጎበዝ/ ደደብ

intel·ligent / ximple

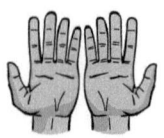

ግራ/ ቀኝ

esquerra / dreta

ቅርብ/ ሩቅ

prop / llunyà

አዲስ/ አሮጌ
....
nou / usat

ምንም/ የሆነ ነገር
....
res / quelcom

ሽማግሌ/ ወጣት
....
vell / jove

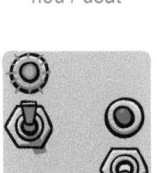

የበራ/ የጠፋ
....
encès / apagat

ክፍት/ ዝግ
....
obert / tancat

ፀጥታ/ ጫጫታ
....
silenciós / sorollós

ሃብታም/ ደሃ
....
ric / pobre

ትክክለኛ/ የተሳሳተ
....
correcte / incorrecte

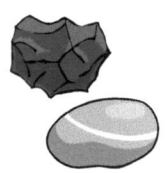

ሻካራ/ ለስላሳ
....
aspre / suau

ሐዘን/ ደስታ
....
trist / content

አጭር/ ረዥም
....
curt / llarg

ዝግተኛ/ ፈጣን
....
lent / ràpid

እርጥብ/ ደረቅ
....
humit / sec - eixut

ሞቃት/ ቀዝቃዛ
....
calent / fred

ጦርነት/ ሰላም
....
guerra / pau

ተቃራኒዎች - oposats

ቁጥሮች

nombres

0

ዜሮ

zero

1

አንድ

u

2

ሁለት

dos

3

ሶስት

tres

4

አራት

quatre

5

አምስት

cinc

6

ስድስት

sis

7

ሰባት

set

8

ስምንት

vuit

9

ዘጠኝ

nou

10

አስር

deu

11

አስራ አንድ

onze

12

አስራ ሁለት

dotze

13

አስራ ሶስት

tretze

14

አስራ አራት

catorze

15

አስራ አምስት

quinze

16

አስራ ስድስት

setze

17

አስራ ሰባት

disset

18

አስራ ሰስምንት

divuit

19

አስራ ዘጠኝ

dinou

20

ሃያ

vint

100

መቶ

cent

1.000

ሽህ

mil

1.000.000

ሚሊዮን

milió

ቋንቋዎች

llengües

እንግሊዝኛ

anglès

የአሜሪካ እንግሊዝኛ

anglès americà

የቻይና ማንዳሪን

xinès mandarí

ሂንዱ

hindi

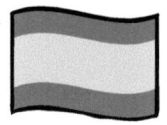

ስፓኒሽ

espanyol

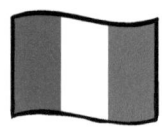

ፍሬንች

francès

አረብኛ

àrab

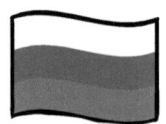

ራሺያኛ

rus

ፖርቱጊዝ

portuguès

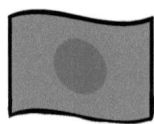

ቤንጋሊ

bengalí

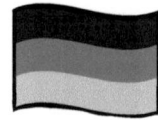

ጀርመን

alemany

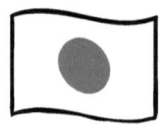

ጃፓንኛ

japonès

ማን/ ምን/ እንዴት
qui / què / com

እኔ

jo

አንተ

tu

እሱ/ እርሷ/ እቃዉ

ell / ella / allò

እኛ

nosaltres

አንተ

vosaltres

እነርሱ

ells

ማን?

qui?

ምን?

què?

እንዴት?

com?

የት?

on?

መቼ?

quan?

ስም

nom

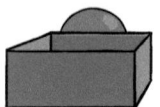

የት

on

በስተጀርባ

darrere

ዉስጥ

en

ከፊት ለፊት

davant de

ከላይ

damunt

ላይ

sobre

ከስር

sota

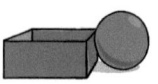

አጠገብ

al costat

መሃከል

entre

ቦታ

lloc